EXPOSÉ

DES PRINCIPES GÉNÉRAUX DU MARIAGE

ET

DE LA SÉPARATION DE CORPS,

SUIVI

DE LA RÉSOLUTION DES PRINCIPALES DIFFICULTÉS

QUE PRÉSENTE CETTE MATIÈRE;

PAR

F. BERRIAT SAINT-PRIX,

DOCTEUR EN DROIT, AVOCAT, L'UN DES CONCURRENS POUR LES TROIS PLACES DE SUPPLÉANS
VACANTES DANS LA FACULTÉ DE DROIT DE PARIS.

Jour de l'acte public : 21 juin, à 3 heures et demie.

PARIS,

IMPRIMÉ CHEZ PAUL RENOUARD,
RUE GARANCIÈRE, Nº 5.

1839.

JUGES DU CONCOURS.

MM.
BLONDEAU, Doyen de la Faculté de Droit, Président.

DE PORTETS,
DURANTON,
DEMANTE,
DUCAURROY,
BUGNET,
PONCELET
ROYER-COLLARD, } Professeurs.
PELLAT,
BRAVARD,
ROSSI,
VALETTE,
OUDOT,

MILLER, conseiller à la Cour de cassation
LASSIS,
PETIT, } conseillers à la Cour royale.
BUCHOT,

ARGUMENTANS.

MM.
FERRY,
MAUGRAS, } docteurs en droit.
DUFOUR, suppléant à la Faculté de Toulouse.
RAGON, docteur en droit.

DU MARIAGE

ET

DE LA SÉPARATION DE CORPS.

(Code civil, Liv. I, Tit. V, moins le chap. V et les art. 216 à 226; et Tit. VI, Chap. V.)

MARIAGE.

Par le mot mariage, on désigne le plus ordinairement l'association que forment un homme et une femme dans le but de s'unir, de perpétuer leur espèce et de vivre ensemble. On appelle aussi mariage, surtout dans les lois, le contrat qui intervient entre les époux, ou bien encore, l'union de ces mêmes époux.

Dans le mariage, à la différence des sociétés ordinaires, les associés ne sont pas égaux en pouvoir : la suprématie est attribuée au mari par la loi, qui lui donne le titre de chef.

Il est inutile de préciser l'obligation principale qui résulte du contrat de mariage, obligation dont le législateur s'est contenté d'indiquer le caractère exclusif en déclarant que les époux se doivent mutuellement fidélité. Les conséquences de l'infidélité de la femme étant plus graves que celles de l'infidélité du mari, la première est punie indistinctement, et de peines plus sévères ; une simple amende est infligée au mari, et dans le cas seulement où il a entretenu sa concubine dans la maison conjugale.

Les époux doivent habiter ensemble. Le mari, chef de l'association, choisit le lieu de l'habitation commune ; la femme est tenue de l'y suivre, comme il est tenu de l'y recevoir.

Si des enfans naissent du mariage, les époux seront obligés de les entretenir et de les élever, en y contribuant tant de leurs soins que de leurs revenus.

Indépendamment de ces obligations, le mariage produit des effets plus ou moins éloignés, à l'égard des époux et des enfans.

Ainsi, la femme prend le nom du mari dont elle suit la condition. On est même généralement dans l'usage de féminiser les titres des fonctionnaires publics pour les donner à leurs femmes ; il est clair que c'est là une pure courtoisie qui n'attribue à l'épouse aucune portion de l'autorité confiée à l'époux. Du reste, quant à ses propres actes, la femme mariée est moins avantageusement traitée que la fille et la veuve, puisque l'autorisation maritale lui est nécessaire dans la plupart des cas.

Une communauté de biens qui comprend l'universalité des meubles et les immeubles acquis à titre onéreux, est établie entre les deux conjoints, s'ils n'ont manifesté une volonté contraire. Ils acquièrent des droits réciproques de successibilité, et sont émancipés de plein droit en cas de minorité.

En ce qui concerne les enfans issus du mariage (et ceux qui ont été conçus pendant sa durée sont réputés tels), ils sont qualifiés légitimes, et jouissent de droits plus étendus que les enfans naturels ; un mariage subséquent attribue quelquefois à ceux-ci la légitimité qui leur manque.

Une autorité spéciale est déférée au père, et, à son défaut, à la mère, sur les enfans légitimes, ainsi qu'un droit d'usufruit sur leurs biens.

Je me borne à cette énonciation rapide des principaux effets du mariage, parce que la plupart sont en dehors de mon sujet : ma mission est d'analyser les conditions extrinsèques de ce contrat, savoir : les qualités requises pour le former, ou conditions positives ; les obstacles qui peuvent empêcher sa formation, ou conditions négatives ; les formalités pro-

rement dites dont la célébration doit être accompagnée, et enfin, comme
anction des exigences de la loi, la manière d'empêcher la célébration
d'un mariage qui ne satisfait pas à ces exigences, ou de l'anéantir, s'il a
été néanmoins célébré.

Il est bien entendu que je n'ai point à m'occuper des règles auxquelles
es parties pourront se trouver soumises par suite de la croyance religieuse qu'elles auront embrassée, et dont l'observation ne concerne
point les fonctionnaires civils. Bien plus, le législateur a craint qu'on ne
se crût dispensé d'obéir à ses prescriptions, au moyen d'une cérémonie
purement religieuse : dans cette pensée, il a frappé d'une peine très ri-
goureuse, pour le cas d'une seconde récidive, le prêtre qui procéderait
à la bénédiction nuptiale sans qu'il lui ait été justifié d'un acte de mariage
préalablement reçu par les officiers de l'état civil.

I. CONDITIONS REQUISES POUR POUVOIR CONTRACTER MARIAGE.

1. CONDITIONS POSITIVES.

Age. Le principal but du mariage étant la procréation des enfans, il
faut que les contractans soient capables d'engendrer. Mais au lieu de
poser un principe aussi vague et dont l'application aurait fait naître une
foule de difficultés, le législateur a préféré, à l'exemple des Proculiens,
déterminer un âge fixe, au-dessous duquel il présume l'absence de la
capacité, au-dessus duquel il en présume l'existence, alors même que la
vieillesse a dû la faire disparaître.

L'âge voulu est celui de dix-huit ans pour les hommes, de quinze ans
pour les femmes. Le roi est autorisé à accorder des dispenses pour motifs graves.

Consentement 1° *des parties.* Le contrat de mariage, comme tous les
autres, suppose un concours de volontés. La volonté doit être manifes-

tée, sinon elle est comme si elle n'existait pas. Mais il peut y avoir mani
festation d'une volonté prétendue, ou qui est le résultat de l'erreur; or
dit alors que le consentement est vicié. Je reviendrai sur ce point à l'oc
casion des nullités.

2° *Des parens.* Si les mineurs ont besoin d'être assistés dans un con
trat, c'est sans contredit dans celui qui, comme le mariage, entraîne ave
lui des charges de plus en plus onéreuses, et peut, à raison de l'illimita
tion de sa durée, influer sur la vie entière. Cette raison n'est pas la seul
qui nécessite l'intervention des parens, autrement le consentement d
père ou du tuteur eût suffi. Mais le mariage introduit de nouveaux mem
bres dans la famille qui contracte envers eux des obligations morales o
légales plus ou moins étroites; ceci explique pourquoi l'autorité des pèr
et mère passe en cette matière aux ascendans, en leur seule qualité, e
de là au conseil de famille, substitué de la sorte au tuteur. Bien plu
lorsqu'il y a des ascendans, la majorité est reculée jusqu'à vingt-cinq an
mais seulement pour les hommes, sans doute parce qu'un semblab
retard pourrait être très préjudiciable pour les femmes.

On n'appelle pas tous les ascendans à-la-fois à donner leur autorisa
tion; le consentement de ceux du second degré n'est nécessaire qu'a
défaut de ceux du premier. Le consentement du père suffit nonobstant
refus de la mère; mais elle doit être consultée.

Au défaut des père et mère, les aïeuls et aïeules les remplacent; s'il
a dissentiment entre l'aïeul et l'aïeule de la même ligne, il suffit du co
sentement de l'aïeul; le partage entre les deux lignes emporte consent
ment : d'où il résulte qu'un aïeul, même appartenant à la ligne mate
nelle, pourrait paralyser le refus de l'autre aïeul et des deux aïeules; q
le consentement de l'aïeule maternelle prévaudrait sur le dissentiment
l'aïeul et de l'aïeule paternels.

Les ascendans qui sont dans l'impossibilité de manifester leur volon
sont considérés comme s'ils n'existaient pas.

La majorité de vingt-cinq et vingt-et-un ans ne soustrait pas entièr
ment à l'autorité des ascendans, quant au mariage. On est tenu de le

demander conseil par un acte respectueux et formel, et ce n'est qu'un mois après qu'on peut passer outre à la célébration, s'ils persistent dans leur refus. De vingt-cinq à trente ans pour les hommes, de vingt-et-un à vingt-cinq pour les filles, l'acte doit être renouvelé deux autres fois, de mois en mois. Son utilité est de forcer les descendans à réfléchir sur le mariage, en retardant la célébration.

La notification de cet acte, d'après l'article 164, doit être faite à l'ascendant par deux notaires, ou par un notaire et deux témoins ; le ministère d'un huissier a été rejeté, comme propre à ôter à l'acte ce qu'il doit avoir de respectueux. On constate la réponse.

La loi prévoit le cas où l'absence d'un ascendant ne permet pas de requérir en forme son consentement. Il suffit alors de présenter à l'officier de l'état civil les jugemens qui ordonnent soit la déclaration d'absence, soit des enquêtes préliminaires, ou s'il n'en a pas été rendu, un acte de notoriété délivré par le juge de paix du dernier domicile connu de l'ascendant, et signé de quatre témoins appelés d'office.

La sanction des règles sur le consentement des parens consiste dans les peines d'amende et d'emprisonnement encourues par l'officier de l'état civil, qui célèbre le mariage sans s'être assuré de l'existence du consentement de la famille, ou même sans l'avoir énoncé dans l'acte de célébration, ou enfin sans qu'il y ait eu d'actes respectueux.

L'enfant naturel légalement reconnu est assimilé à l'enfant légitime, en ce qui concerne les père et mère ; à leur défaut, il est tenu (ainsi que l'enfant non reconnu) d'obtenir le consentement d'un tuteur *ad hoc*, mais non celui des ascendans, dont il n'attend aucune succession.

2° CONDITIONS NÉGATIVES.

Prohibitions fondées sur la parenté ou l'alliance. Le mariage est interdit entre tous les parens légitimes ou naturels en ligne directe et les alliés dans la même ligne. En ligne collatérale, la prohibition se restreint aux frères et sœurs légitimes ou naturels et aux alliés du même degré, ainsi qu'aux oncles et nièces , tantes et neveux. Suivant un avis du Conseil d'état, du 7 mai 1808, cette dernière prohibition s'applique entre grand-oncle et petite-nièce. Il est certain qu'elle ne s'applique point à la parenté naturelle ni à l'alliance.

Le Code civil accordait au roi le pouvoir d'autoriser pour causes graves le mariage entre les oncles et nièces. Une loi du 16 avril 1832 lui donne la même faculté en ce qui concerne les beaux-frères et les belles-sœurs.

L'adoption est la source d'une prohibition de mariage, 1° entre l'adoptant, l'adopté et ses descendans ou son conjoint ; 2° entre l'adopté et les enfans naturels ou adoptifs de l'adoptant ou son conjoint.

La démonstration de la convenance des prohibitions, que je viens d'énumérer, exigerait une analyse subtile et fort délicate des maux que pourrait entraîner la liberté du mariage entre parens. Je n'ai pas le temps de la présenter ici. Je me borne à dire que cette démonstration ne saurait, selon moi, résulter de la simple allégation d'un usage ou d'un sentiment.

Empêchement résultant d'un mariage antérieur. On ne peut contracter un second mariage avant la dissolution du premier ; en d'autres termes la polygamie est interdite dans toutes ses combinaisons. Il suffit de dire pour justifier cette prohibition, que la polygynie, la seule des combinaisons de la polygamie, qui puisse s'appuyer de quelques raisons spécieuses entraînerait la servitude des femmes.

Le Code pénal inflige la peine des travaux forcés temporaires au bigame et à l'officier qui lui a prêté sciemment son ministère.

En revanche, rien ne défend de convoler à de nouvelles noces, suivant l'expression des jurisconsultes, après la dissolution d'un précédent mariage, la loi ne limitant point le nombre de ceux qu'on peut contracter. Elle se contente d'interdire à une veuve de se remarier avant dix-huit mois révolus, afin que la paternité ne soit pas incertaine relativement aux enfans qui viendraient à naître dans les premiers mois du mariage. Le Code civil interdisait aussi à deux époux qui avaient divorcé par consentement mutuel de se remarier avant l'intervalle de trois ans, et à ceux qui avaient divorcé pour une cause quelconque, de se réunir jamais, interdiction qui me paraît avoir survécu à l'abolition du divorce.

Un nouveau mariage n'est pas sans inconvénient légal pour celui qui le contracte, surtout si c'est une femme ayant des enfans d'un premier lit.

Empêchement résultant de l'adultère. Cet empêchement s'applique au cas où le divorce a été prononcé pour cette cause. Le conjoint coupable ne peut épouser son complice.

Il y a encore quelques autres empêchemens : ainsi le mort civilement est incapable de contracter mariage. Des décrets défendent aux militaires de se marier sans permission de l'autorité supérieure.

II. CONDITIONS DE FORME.

Le seul consentement des parties est insuffisant pour les lier par mariage, à la différence de ce qui avait lieu en droit romain : il doit, en outre, être accompagné de plusieurs solennités.

Les formalités requises ont le double but, 1° de constater l'accomplissement des conditions requises par la loi, et spécialement la libre adhésion des deux parties ; 2° d'assurer l'état des contractans par la publicité donnée à leur union et les précautions prises pour empêcher de la contester. De plus, le législateur veut qu'on expose aux futurs époux les droits qu'ils vont acquérir, ainsi que les obligations qui vont leur être imposées.

Les principales formalités consistent dans des publications préalables, dans une cérémonie qui constitue la célébration proprement dite, et dans l'acte qu'en dresse l'officier de l'état civil. Certaines justifications sont en outre nécessaires, et le lieu de la célébration n'est pas indifférent.

Publications. Avant la célébration du mariage, deux publications doivent être faites, à huit jours d'intervalle, un jour de dimanche, devant la porte de la maison commune, par l'officier de l'état civil. Ces publications ne sont autre chose que des proclamations verbales, correspondant à ce qu'on appelait autrefois bans de mariage. « La publication, dit Pothier, doit se faire en langue vulgaire, à haute et intelligible voix, de manière que tout le monde l'entende. »

Elles doivent évidemment désigner les futurs époux, et leur projet de se marier; le code exige aussi l'indication des père et mère.

L'officier constate les publications par un acte qu'il inscrit sur un registre unique, et dont un extrait est affiché à la porte de la maison commune, dans l'intervalle d'une publication à l'autre.

Le mariage ne peut être célébré avant le mercredi qui suit la dernière publication. Mais s'il ne l'est pas dans l'année, de nouvelles publications seront nécessaires.

Le procureur du roi peut, pour motifs d'urgence, dispenser de la seconde publication.

Domicile. Le domicile, quant au mariage, s'établit par six mois d'habitation continue dans la même commune, sans qu'il soit besoin d'y avoir son principal établissement.

Il est bien entendu qu'il suffit d'une seule célébration dans la commune où l'une des deux parties a son domicile; mais les publications doivent être faites au domicile de toutes deux; et même, si ce domicile n'est établi que par une résidence de six mois, au dernier domicile. Elles doivent encore être faites au domicile des personnes dont le consentement est nécessaire.

Justifications préalables. Les principales ont pour objet l'âge des contractans et le consentement de leur famille.

L'acte de naissance peut être suppléé, s'il est impossible de se le procurer, et par faveur pour le mariage, par un acte de notoriété, délivré par le juge de paix sur la déclaration de sept témoins, d'un sexe quelconque et revêtu de l'homologation du tribunal de première instance.

La preuve du consentement, s'il n'est pas donné par les parens en personne, doit résulter d'un acte authentique.

Célébration. Elle a lieu publiquement dans la maison commune, en présence de quatre témoins. L'officier lit aux parties les pièces et le chapitre VI du titre du mariage; il reçoit leur déclaration qu'elles veulent se prendre pour mari et femme, et prononce au nom de la loi qu'elles sont unies par mariage.

En pays étranger, le mariage peut être célébré dans les formes usitées dans le pays, pourvu qu'il soit précédé de publications et que le Français dans les trois mois de son retour, fasse transcrire son acte de mariage sur les registres de son domicile.

Acte de mariage. Immédiatement après la célébration, on en dresse un acte qui désigne les parties, les pères et mères et les témoins; la déclaration des époux et le prononcé de leur union; les consentemens ou actes respectueux, les publications et les oppositions et leur main levée.

Cet acte est, en thèse générale, le seul moyen de preuve que les époux soient admis à produire pour établir l'existence du mariage, ce qu'il faut bien faire , quand on en réclame les effets civils. Ils ne pourraient y suppléer par la preuve testimoniale, même fortifiée d'un commencement de preuve par écrit; ni en alléguant la possession d'état, c'est-à-dire la vie commune avec toutes les apparences du mariage, sans contradiction. En matière de filiation, il est vrai, la possession d'état supplée au titre; mais il serait trop facile aux prétendus époux de se procurer de la sorte la preuve d'un mariage qui n'existe pas. D'ailleurs ils ne peuvent avoir oublié dans quel lieu ils se sont mariés.

Toutefois cette possession d'état a un effet important, quand elle est jointe à la représentation d'un acte de mariage, c'est de former une fin de non-recevoir insurmontable contre celui des deux époux qui voudrait demander la nullité de l'acte représenté.

Les enfans peuvent très bien ignorer l'époque et le lieu du mariage ; aussi lorsque leurs père et mère actuellement décédés, avaient la possession d'état de mari et femme, qu'ils ont eux-mêmes une possession d'état d'enfans légitimes, non contredite par leur acte de naissance, on ne peut leur reprocher la non-exhibition de l'acte de mariage.

La preuve testimoniale sert quelquefois à établir le mariage, c'est lorsqu'un crime a supprimé l'acte de célébration. La procédure criminelle pourra procurer la preuve de cette célébration; et l'acte de l'état civil sera remplacé pleinement par l'inscription du jugement sur le registre. Il est clair que, sous ce rapport, la loi est moins sévère en matière de mariage qu'en matière de filiation.

Lorsque le coupable est mort avant la découverte du crime, il ne peut plus y avoir lieu aux poursuites criminelles; mais la loi, ne voulant pas que les parties soient privées, par cet événement, du droit de faire réparer le préjudice qui leur a été causé, leur réserve la faculté de dénoncer le fait au procureur du roi qui doit poursuivre, en leur présence, mais par la voie civile seulement, les héritiers du coupable. Cette attribution exceptionnelle d'une action civile au ministère public, a pour but de prévenir toute collusion.

III. Oppositions au mariage.

Il vaut mieux empêcher la célébration d'un mariage illégal que d'avoir ensuite à le faire annuler. Aussi le Code permet-il de former opposition au mariage, mais à certaines personnes seulement, pour que ce droit ne dégénère pas en un moyen de vexation.

L'opposition formée arrête la célébration du mariage, en ce sens que l'officier qui y procéderait sans attendre la main-levée s'exposerait à une amende de trois cents francs et aux dommages-intérêts.

Quelles personnes peuvent former opposition. Peuvent s'opposer au mariage : le conjoint, le père, à son défaut la mère, à leur défaut les aïeuls et aïeules; au défaut d'ascendans, le frère ou la sœur, l'oncle ou

tante , le cousin ou la cousine , majeurs ; mais ces six derniers , dans le
s seulement où le consentement du conseil de famille n'a pas été ob-
u , et dans celui où le futur est en état de démence. La règle est la
me pour le tuteur autorisé par la famille.

L'opposition pour cause de démence n'est recevable qu'à la charge de
re prononcer l'interdiction dans un délai fixé.

Remarquons que les ascendans peuvent s'opposer , alors même que le
tur est âgé de plus de 25 ans ; il n'en faut pas conclure que la loi retire
e dernier la faculté de se marier malgré la désapprobation de sa fa-
lle ; elle a simplement voulu donner aux parens un moyen de gagner
temps et de forcer leur descendant à la réflexion, sans avoir à crain-
e , comme tout autre opposant mal fondé , une condamnation à des
mmages-intérêts.

Forme et jugement. L'acte d'opposition doit être signifié par l'opposant
 son mandataire spécial et authentique. Il énonce la qualité de l'op-
sant et ses motifs, si ce n'est un ascendant qui , légalement, peut avoir
ur but unique de retarder le mariage ; l'opposant doit d'ailleurs élire
micile dans le lieu de la célébration. L'inobservation de toutes ces for-
lités, excepté la première, entraînerait la nullité de l'acte.

L'opposition doit être signifiée aux parties et à l'officier , qui la men-
nne sur le registre des publications ; et si elles ont été faites dans plu-
urs communes , les futurs époux doivent produire un certificat de l'of-
ier de toutes ces communes, constatant qu'il n'y a point eu d'oppo-
ion.

L'effet de l'opposition est détruit par un jugement de main-levée, qui
it être rendu dans les dix jours de la demande, l'urgence ne permettant
s de suivre le tour de rôle. Même règle en cas d'appel.

IV. Nullités du mariage.

Toutes les conditions requises pour la validité du mariage sont la source d'autant d'empêchemens quand elles ne sont pas remplies. Toutefois, loi n'autorise pas à annuler un mariage célébré, dans tous les cas où el permet d'empêcher sa célébration. De là la distinction des empêchemen dirimans ou simplement prohibitifs. Les empêchemens dirimans produ sent seuls une nullité.

La nullité n'opère pas de plein droit : il faut la demander et la fai prononcer : en effet, la célébration donne au mariage une existence fait, qui ne peut être détruite que par un jugement déclaratif du droit.

Les nullités se distinguent en absolues et relatives, suivant qu'el sont établies dans l'intérêt public ou dans un intérêt privé que certain personnes seules peuvent invoquer.

On dit qu'une nullité est couverte, **quand** elle ne peut plus être in quée par suite de quelque évènement ou de l'expiration d'un certa temps.

1° NULLITÉS RELATIVES.

Vice du consentement. Le consentement déclaré par les époux ou l' d'eux devant l'officier de l'état civil, peut avoir été extorqué par viole ou donné par une erreur qui porte sur la personne.

L'époux violenté ou trompé est seul recevable à attaquer le mariage

Cette nullité se couvre par une cohabitation continuée pendant six m depuis la cessation de la violence ou la découverte de l'erreur.

Défaut de consentement de la part de la famille. J'ai déjà montré qu consentement des parens au mariage était exigé dans leur intérêt et d celui du futur époux qu'ils doivent protéger contre un penchant aveu L'action en nullité ne doit donc appartenir qu'à ceux dont le conser ment était nécessaire et à celui qui en avait besoin.

Les parens deviennent non recevables à demander l'annulation contrat, lorsqu'ils ont, sciemment, laissé écouler une année entière s élever de réclamation ; ils le sont même avant l'expiration de ce dé orsqu'ils ont donné à l'union irrégulière une approbation expresse ou acite.

Cette approbation suffit également pour rendre non-recevable l'époux ui-même, parce qu'elle exclut toute idée de séduction exercée sur lui ; on action s'éteint d'ailleurs aussi par le défaut d'exercice dans le délai l'une année qui, bien entendu, ne court qu'à partir de l'époque où il a tteint l'âge compétent pour consentir par lui-même au mariage.

2° NULLITÉS ABSOLUES.

Les nullités absolues résultent d'un empêchement dirimant, comme inceste, la bigamie, le défaut de puberté, ou d'un vice essentiel de rme, comme le défaut de publicité et l'incompétence de l'officier de l'é-t civil. Elles peuvent, en général, être invoquées, non-seulement par les poux eux-mêmes, mais encore par tous ceux qui y ont intérêt, et par le inistère public.

Défaut d'âge compétent. Le progrès du temps amène nécessairement s époux à un âge auquel ils auraient pu valablement s'unir. Dans cet tat de choses, il serait plus nuisible qu'utile d'annuler un mariage qui, ien qu'irrégulier dans le principe, ne présente plus d'inconvéniens pour avenir. Aussi la nullité qui résulte du défaut d'âge est-elle susceptible de couvrir par l'expiration de six mois depuis que l'époux non pubère est devenu.

D'un autre côté, c'est uniquement par l'effet d'une présomption légale 'incapacité que le mariage est interdit aux personnes âgées de moins de ix-huit ou quinze ans. Or toute présomption légale est un raisonnement rcé qui reçoit inévitablement quelques démentis des faits ; le législateur i-même a prévu ici le cas où la femme présumée incapable de concevoir rait néanmoins devenue grosse avant l'âge de quinze ans et demi ; cette reuve matérielle de la puberté paralyse l'action en nullité même avant xpiration du terme fixé dans tous les cas pour son exercice ; c'est sans ute ce que le Code a voulu dire par ces mots : « Si la femme qui n'avait point encore l'âge compétent, a conçu avant l'échéance de six mois.» A l'é-gard du mari, il y aurait eu trop d'inconvénient à admettre en sa faveur une fin de non-recevoir analogue.

Les parens qui ont donné leur consentement, et qui pouvaient, en le refusant, empêcher le mariage, ne sont pas admis à l'attaquer après coup.

Défaut de publicité. Il ne faut pas confondre le défaut de publicité de la célébration, avec le défaut de publications préalables qui n'entraîne pas la nullité du contrat, et donne seulement lieu à des peines pécuniaires contre l'officier de l'état civil et contre les parties. Cette observation s'applique au cas où on n'aurait pas obtenu les dispenses voulues, au cas où on n'aurait pas observé les intervalles prescrits entre les deux publications, ou bien entre la seconde publication et la célébration du mariage.

J'ai dit que les nullités absolues peuvent être invoquées par tous ceux qui y ont intérêt: cela ne doit pas s'entendre d'un intérêt possible et éventuel, mais d'un intérêt né et actuel, à ce que le mariage soit dépouillé de de ses effets. Il est évident que les époux ont un intérêt de ce genre : au contraire les collatéraux et même en général les enfans issus d'un autre mariage, sont désintéressés du vivant des époux ; la mort seule de l'un d'eux donnera naissance à leur intérêt ; jusque-là ils doivent être non recevables dans leur réclamation.

L'époux au préjudice duquel une nouvelle union a été contractée, est immédiatement intéressé à la réduire au néant; une pareille restriction ne lui est donc point applicable. Dès-lors, rien ne s'oppose à ce qu'il intente l'action en nullité du vivant de celui qu'il prétend engagé avec lui; mais si ce dernier soutient, au contraire, que c'est le premier mariage qui est nul, il faut, avant tout, décider cette question, la nullité du second mariage étant subordonnée à la validité du premier.

Quant au ministère public qui représente la société, dont l'intérêt est *actuellement* compromis par le mariage illégal, il peut et doit en demander la nullité du vivant des deux époux et les faire condamner à se séparer.

3° EFFETS DU MARIAGE ANNULÉ.

Le mariage annulable subsiste jusqu'à l'annulation. Toutefois, celle-ci, une fois prononcée, semblerait devoir rétroagir et annihiler tous les effets provisoirement produits jusque-là ; mais la loi tient compte aux prétendus époux de la croyance où ils étaient que leur union était légitime (d'où l'expression de mariage *putatif*), et conserve au mariage annulé ses effets civils, tant à l'égard des époux qu'à l'égard des enfans.

Si la bonne foi n'existe que de la part d'un des deux époux, le mariage putatif ne produit les effets civils qu'en faveur de cet époux et des enfans.

V. DISSOLUTION DU MARIAGE.

Il n'est pas permis de former pour un temps limité l'association conjugale, même sous l'empire de la loi qui permettait le divorce, c'est-à-dire la dissolution judiciaire pour certaines causes déterminées, ou la dissolution volontaire, par suite du consentement mutuel et persévérant des époux, accompagné de formes spéciales et d'épreuves compliquées. Alors même, en effet, il était vrai de dire que l'union des époux doit être perpétuelle dans leur intention ; à plus forte raison, depuis que la loi du 8 mai 1816 a aboli le divorce, abolition qui a rendu inutile la totalité du titre VI, excepté en ce qui concerne la séparation de corps, institution distincte du divorce, comme on va le voir.

La mort naturelle dissout le mariage.

La mort civile le dissout également lorsque la condamnation à la peine emportant la mort civile est devenue définitive.

Il en est autrement de l'absence, quelque longue qu'elle soit.

SÉPARATION DE CORPS.

La séparation de corps est la suppression de l'obligation de cohabiter. Le Code civil l'avait admise, conjointement avec le divorce, en faveur des époux auxquels leur croyance religieuse interdisait cette dernière ressource, et pour qui la vie commune était devenue insupportable.

Effets. Elle détruit l'obligation contractée par le mari de recevoir sa femme, par la femme de suivre son mari; ce qui permet à celle-ci de se choisir un domicile séparé.

Par cela même, elle fait cesser la collaboration des époux, qui est le principe de la communauté : aussi emporte-t-elle séparation de biens (1). Sous ce rapport, elle diminue l'incapacité de la femme mariée, mais ne la fait pas cesser complètement; car les autres effets du mariage subsistent. La maxime *pater is est quem nuptiæ demonstrant* reste applicable, chose étrange, entre deux époux qu'on autorise à vivre séparés l'un de l'autre aussi a-t-on proposé, mais inutilement, d'étendre, sous ce point de vue, les effets de la séparation de corps.

Du reste, cette amélioration ne ferait pas disparaître le principal inconvénient qui consiste à forcer de vivre comme célibataires deux personnes qui sont assujéties à toutes les charges du mariage.

Causes qui autorisent à demander la séparation de corps. 1° L'adultère de la femme, sans distinction.

2° L'adultère du mari, lorsqu'il aura tenu sa concubine dans la maison commune.

3° Les excès, sévices et injures graves.

4° La condamnation à une peine infamante.

---

(1) Les contributions de la femme séparée de corps ne comptent pas au mari pour le cens électoral.

Le consentement mutuel, qui autorisait le divorce, n'autorise point la séparation de corps.

Procédure. La demande en séparation n'est pas assujétie aux règles spéciales qui avaient été introduites pour les demandes en divorce; seulement les parties sont tenues de comparaître en personne devant le président, pour qu'il leur fasse les représentations qu'il croira propres à opérer un rapprochement.

Il suffit que la demande soit formée, pour qu'il y ait du danger à forcer la femme de demeurer avec son mari, jusqu'au dénoûment du procès : elle peut donc quitter son domicile, pour résider dans la maison indiquée par le tribunal, et se faire adjuger une pension alimentaire. Les juges peuvent également retirer au mari, s'il y a lieu, l'administration provisoire des enfans.

En matière de séparation de corps, comme en matière de divorce, la réconciliation éteint l'action, sans empêcher l'époux offensé de se prévaloir des causes sur lesquelles elle était fondée, lorsque de nouvelles causes auront donné naissance à une nouvelle action.

Le jugement est rendu sur les conclusions du ministère public.

Si le tribunal prononce la séparation de corps par suite de l'adultère de la femme, il peut la condamner par le même jugement, sur la réquisition du procureur du roi, à un emprisonnement de trois mois à deux ans. Le mari reste maître d'arrêter l'effet de la condamnation, en consentant à reprendre sa femme.

THÈSES.

I. Une promesse de mariage est nulle.

II. L'impuissance naturelle ne peut être alléguée comme empêchemen
au mariage.

III. Des époux divorcés ne peuvent se réunir.

IV. Il n'est pas nécessaire que l'acte de consentement des parens dé
signe la personne à épouser.

V. L'officier de l'état civil n'est pas compétent hors de sa commune.

VI. Le mineur de 25 ans qui a contracté mariage sans le consentemen
de ses ascendans, ne devient non recevable à attaquer son ma
riage qu'après sa 26ᵉ année.

VII. Un mariage, célébré publiquement hors de la maison commune
est valable.

VIII. Un mariage putatif peut opérer légitimation.

IX. La femme ne peut être contrainte par corps à habiter avec so
mari.

X. La mort civile, encourue par suite d'une condamnation par cont
mace, ne dissout le mariage qu'au bout de 20 ans.

XI. L'époux, qui a obtenu la séparation, ne peut la faire cesser par
seule volonté.

XII. L'époux adultère ne peut demander la séparation à raison de l'adu
tère de son conjoint.

Imprimé chez Paul Renouard, rue Garancière, 5.

www.ingramcontent.com/pod-product-compliance
Lightning Source LLC
Chambersburg PA
CBHW060041090726
47597CB00013B/3750